天山 詩選 130

이 영 봉 첫시집

傘壽를 맞는 아내에게

한기10957
한웅기5918
단기4353
공기2571
불기2564
서기2020

도서
출판 天山

傘壽를 맞는 아내에게
이 영 봉 첫시집

上元甲子
8937
+2020
―――――
10957
5918
4353
2571
2564
2020

도서 출판 天 山

〈序 文〉
인품을 갖춘 무게있는 人性交感의 詩人
── 이영봉 첫시집 '傘壽를 맞는 아내에게'를 보면서

　이영봉 시인은 늦깎이로 詩林에 登林했다. 그러나 믿음직스럽고, 든든한 육군 중령 출신의 기둥감 시인이다. 가족에 대한 믿음도 아주 깊고, 사회 생활 속의 우의나 신의 또한 바르고 듬직한 분으로 읽힌다. 특히 늙마에 와서까지도 老妻에 대한 평소의 알뜰한 사랑 헌사는 남다르다. 모범 가장이 아니면 아무나 할 수가 없는 일일 것이다. 시에도 평소 그모범됨이 스토리텔링으로 은근히 나타나 있다. 그의 품격있는 시 '傘壽를 맞는 아내에게'가 이를 고스란히 증명해 준다. 이 한 편만 봐도 시인의 사회 생활 인품과 그나름의 愛妻論을 짐작해 알만 하다. 인간성은 물론 시인 자질면에 있어서도 넘치는 인성을 지닌 소유자로 비쳐진다.
　시 '傘壽를…'은 이시집 제목으로 내세울 만한 무게를 가진 고급시에 속한다. 형식면에서도 복합적인 서사적 서정시─현대시의 모든 형태 미학을 골고루 갖춘 품격높은 시이다. 그의 인간미와 생활 풍습에 이르기까지 모든 인격면을 비춰볼 수 있는 스토리텔링의 몽타지 시로 지성적 감각까지도 두루 갖추고있다. 흡사 장편 소설을 압축한 시인의 일생을 담은 긴시다. 아내에게 바치는 헌시로서는 나무랄 데가 없는 훌륭한 시다.
　이시 말고도 "'세미원'에서"를 비롯 '바라산 산책길' '羅濟通門' '마피아 까마귀' '물위에 뜬 연꽃 한 점' '쉰내 나그네 반기는 데' '천사가 따로없다'… 들이 모두 최상품시다. 이에 버금가는 작품들이 자그마치 21편이나 된다. 모두 61편 중 반수에 가까운 29편이 이시집을 빛내주고있다. 나머지 작품들도 수준급은 넘치고있는 시집이라, 요즘 詩林 어디엘 내놓아도 자랑스러운 시집에 속할 것이다. 짧은 시 한 편만 예들어볼까?

———————————————————————————————————⟨머 리 말⟩

양수리 '洗美苑',
사람과 자연은 둘이 아니란
不二門이다.

넓은호수 연꽃들 눈빛향기에 탄성들이다.
진창을 기어올라 꽃대위에 핀
고결한 자태
옛 聖人들의 모습이다.

꽃은 작은 우주다.
천 년을 피고지는 세월이다.

두 물머리 배다리위 얼굴들
어느새 환한 연꽃물이 들었다.　　　　　　　——시 " '세미원'에서" 全文

　위의 시 한 편만 봐도 이영봉 시인의 시쓰기와 그깊이를 알아차릴 수가 있다. 누가 봐도 늦깎이 80대 노시인의 실력을 허술히 볼 수가 없을 것이다. 이로써 이영봉 시인은 이제 이땅 文林에 시인으로서 당당히 자기 깃발을 꽂은 셈이다.
　바라건대 지금까지의 자세로만 꾸준히 노력한다면 이땅 어딜 가도 돋뵈는 실력을 발휘할 수 있을 것이다. 훌륭한 집안의 가장으로서, 훌륭한 아내의 남편으로서, 훌륭한 아들딸들의 아버지로서, 그리고 훌륭한 老詩人層의 한 대표 시인으로서도 손색없는 詩品을 남기리라 짐작한다. 시인과 부인의 노후 건강과 행복을 빈다.

　　　　　——한기10957:한웅기5918:단기4353:동이공기2571:남방불기2564:예수서기2020.10.23.
　　　　　　　　경자년 **霜降節** 필동 서애로 '**自由文學**'에서.

　　　　　　　義山 **申 世 薰** ⟨제22·23대 한국 문협 이사장⟩

차 례 ─────────────────

이 영 봉 첫시집
傘壽를 맞는 아내에게

序 文/ '인품을 갖춘 무게있는 人性交感의 詩人'/申 世 薰/4
시인의 말/"올해 섣달 초파일 '傘壽를 맞는 아내에게' 이시집을…'/이 영 봉/110

제1부_ 羅濟通門

바라산 산책길/15

羅濟通門/16

마피아 까마귀/17

남포등불빛/19

물위에 뜬 연꽃 한 점/20

노송 한 그루/21

傘壽를 맞는 아내에게/22

마지막 음성/25

'세미원'에서/27

쉰내 나그네 반기는 데/28

이 영 봉 첫시집
傘壽를 맞는 아내에게

차　례

제2부_ 철새에게 배우며

천사가 따로없다/33
'망경대' 정상에서/35
밀입국자, '코로나'의 광란/36
원숭이들의 수난/37
손　　길/38
지구마을이 배앓이를/40
지하철 누명벗기기/42
철부지세상/44
靑馬의 꿈/46
철새에게 배우며/48

차 례 ──────────────────

이 영 봉 첫시집
傘壽를 맞는 아내에게

제3부_ 폐가에 들다

초가을 등산길/51

나짱 푸껫 마을 새벽 세 시/52

'쌍계사' 길목에서/53

집시들의 밥상/54

붕타우 해변 저녁길/56

낙엽꽃 피기까지/57

달려라 전동차/58

봄전령 보내놓고/59

빛찾아 봄나래/60

폐가에 들다/61

이 영 봉 첫시집
傘壽를 맞는 아내에게

차 례

제4부_ 할머니의 유언

할머니의 유언/65
사과궤짝의 추억/67
배반의 순간들/68
묘소를 지키는 밤나무/69
양재천 서사시/70
저무는 대천항에서/71
정자나무그늘에서/72
정자나무품안에서/73
청계산 봄기운/74
혼비 백산 여행길/75

차 례 ─────────────────

이 영 봉 첫시집
傘壽를 맞는 아내에게

제5부_ 흰고무신 한 켤레

흰고무신 한 켤레/81

철쭉치매/83

'코로나'가 전하는 말/84

'코로나'의 반란/86

파도보다 더 빨리/88

팜므파탈의 독/89

할머니 생각/90

해그늘안 매실나무/91

해안지킴이/92

가슴속 배롱나무꽃/93

이 영 봉 첫시집
傘壽를 맞는 아내에게

차   례

제6부_ 북녘봄은 언제 오려나

북녘봄은 언제 오려나/97

갑천엘 갔다가/98

금빛숲길 걸으며/99

한라 백록담이 울어/101

완두콩의 외침/102

가을바다/104

간척지 초소/105

구름이 그리는 삶/106

고향길 게바위앞에서/107

강물속을 걷다/108

환한 봄빛 그리며/109

제1부 ──────────────── 羅濟通門

바라산 산책길
羅濟通門
마피아 까마귀
남포등불빛
물위에 뜬 연꽃 한 점
노송 한 그루
傘壽를 맞는 아내에게
마지막 음성
'세미원'에서
쉰내 나그네 반기는 데

바라산 산책길

바라산 산자락 한적한 '로'(rrroh) 카페
연인과 차 한 잔 마신다.
산책길로 들어선 무더운 여름날이다.

맑은 계곡물 조잘거리고
낭랑한 새소리 귀에 걸고 둘레길 걸으니,
'코로나'에 찌든 마음빨랫감을
푸른숲 피톤치드가 정갈하게 씻어준다.

세상사 이런저런 이야길 나누며 걷는 둘레길
발길닿는 곳마다 조롱조롱 때죽나무 말간 열매
하얀나비떼 매달린 산딸나무열매
앵두입술 붉은 찬이슬빛이다.
새색시 수줍은 말발도리꽃이 나왔다.
갖가지 꽃들이 마중나와 우릴 반긴다.

한나절이 쏜살같이 지나간다.
아쉬운 하산길도 반 토막으로 줄었다.
아늑하고 시원한 산책길의 자연 치유
노노(No+老) 족의 하루다.

羅濟通門

가을빛 새록새록 스며드는 무주 구천동 계곡
석모산 오리목 중턱에
바윗돌 깎아 뚫은 통문.

먼 3국 시대 무풍마을은 신라땅
설천마을은 백제땅이었다.
'羅濟通門'을 사이에 두고….

능선을 경계로 두 나라간 전투를 벌였던 곳
아직도 석모산기슭엔 아픈 흔적들 고분으로 누워있다.
불과 30미터 안팎의 경계선 통로를 지나가본다.

지금은 경상·전라 사투리가 어우러져
두 볼태기 가득한 설천면장터
덕유산자락이 화해폭되어
남대천 물길따라 붉게 물들어간다.

남과 북도 하루속히 해빙길 맞아야 한다.
한탄강물길 '화해 통문' 되어
한가람으로 넘치는 날을 고대고대 기다려본다.

마피아 까마귀

'대공원' 장미원 무대에서
복지관 문창반 시수업하는 날
수업 마치고 자릴 뜨려는데
난데없이 까마귀 한 마리 날아든다.

까악- 까악- 먹이내라 호통이다.
손으로 쫓아봐도 꼼짝 않고 큰소리다.
겁먹은 시인* 과자 몇 조각 던져주니,
냉큼 삼키고는 더 큰소리로 또 내놓으라한다.

이번엔 막대기로 한 시인이 쫓아본다.
마치 찍을 듯 마피아 새로 변한다.
남은과자를 모두 듬뿍 던져주니, 정신없이 주워먹고선
나머지 모두를 싸가지고 전봇대로 휙 날아가 앉는다.

우리를 힐끗힐끗 내려다보며.
'1등석을 내줬는데
쓰고도 그냥 내빼?
간도 크다, 간도 커!' 깍깍거린다.

조물주께 슬쩍 여쭤본다.

'어쩌다 저런 흉조를 만드셨습니까?'
'허허- 다른 나라에선 길조라네.
이나라에 와선 흉조로 변한 걸세.'
'왜 그렇습니까?'
'요즘 그대 나라엔 폭력에다 큰소리만 치면
다 해결되지않소? 그러니까 까마귀도 보고배운 거지.'

'묘책은 없습니까?'
'아무리 타일러도 그때뿐, 돌아서면 까먹으니,
그대들 생활 태도 바꾸던지 그도 아니면
달라는 대로 듬뿍 주면 군소리없을 걸.'
그 말만 남기곤 어디론가 사라진다.
유구 무언이다.
    *전경옥 시인.

남포등불빛

마을 수퍼에서
딸기 한 소쿠리 사들고 나오다,
문득 어린 시절이 떠오른다.

전깃불 없던 날 석유 심지 불붙여
불밝혔던 남포등.

그을음낀 등피를 닦아야하는 번거로움은 있지만
기름닳는다며 심지돋우는 것 혼내키던 할머니
몰래 남포등 켜들고 광속에 들면
무엇을 훔쳐 먹을까 신났다.

먹을 걸 찾느라 부스럭댈 때
'얘야! 심지 좀 줄여 기름 아껴라.'
어느새 오시어 타이르는 나직한 목소리.

기름넣고, 심지에 불붙이고
등갓에 낀 그을음 닦아냈던 긴세월
다 어디로 갔는지.
불빛만 남긴 채 홀연 세상뜨신 할머니생각난다.

물위에 뜬 연꽃 한 점

서해바다 천수만에
홀로 외로이 따로 앉은 섬
간월도.

고려말 무학 대사가
달보고 도를 깨우쳤다는 작은 암자
'간월암.'

달도 시간무게로 기울고
세월도 달을 따라 기우는 것인가.
어제의 외딴섬이
오늘은 섬아닌 섬이 되어있네.

그렇게도 무상하게
길로만 이어지는
우리들의 삶인가.

노송 한 그루

고향집 뒷동산 큰소나무 세 그루
방과 후 마루에 책가방 내던지고
그곳으로 내달렸다.
동네또래들과 씨름 한 판 벌였다.

단오절엔 녀석들
그네타는 처녀 치맛자락도 훔쳐보았다.

고향 선산 찾아드니,
옛모습은 사라지고
노송 한 그루만 먼산 바라보고서있다.

먼길 떠난 핏줄들과 친구들
홀로 노송이 된 내 모습에
빈손만 휘젓고 돌아선 고향길
옛시절 그네들 모습만 가물거린다.

傘壽를 맞는 아내에게

멀리 흘러간 강물이 아득히 밀려오네.
꽃다운 스물다섯 연분 맺은 지 55년
결혼 반 백 년 금혼식도 훌쩍 뛰어넘어
은빛 해로하는,

꽃다운 20대 가난한 초급 장교 아내되어
새파랗게 서툰 남편 수발에
궁핍한 살림살일 사느라
가슴시린 날도 많았지.

처음만날 때는
월남 참전 소식에 화들짝 놀라
먼길 면회오는 길 교통 사고로
목숨잃을 뻔한 일도 있었지.

결혼 1년도 안된 신혼초
태어난 지 한 달도 안된 어린 것만 안아보고
그냥 이국 만 리 전쟁터로 떠날 때
그마음 오죽이나 했겠어.
장병들 유해 소식 들을 때마다
놀라고 불안한 마음

매일 기도하며 견뎠겠지.
그러나 지금껏 불면증으로 고생만하네.

작전 시 쏟아지는 총포탄에
여러 번 고비도 겪으면서
겨우 목숨붙여 돌아올 수 있었지,
그대의 기도와 사랑의 힘으로.

귀국 후 전후방 보따리살림 끌고
허랑한 생활속에서도
알뜰히도 꿋꿋이 살아온 그대덕에
20여년 군생활 명예롭게 지낼 수 있었지.
이 모두 고마운 내조 덕분이지.

군 전역 후에도
사회 직장 생활 중 어파트 아랫집 화재로
우리집까지 다 타버려
알뜰히도 일궈온 살림살이 모두다 잃었을 때는
우린 억장 무너지는 지경까지 이르기도 했고
그런데도 천사같은 주위 사람만나
살집을 거저얻어 살기도 했지.

몇 년 지나 또다시 찾아온
내 위암에다 뇌염으로 사경 헤맬 땐
더욱 억장이 무너지기도 했겠지.
거듭된 우환으로 당신은 갑상선암까지 수술

그로 인한 갖가지 질환으로 지금껏 고생하고있지.

17년 간의 피나는 노력과 정성으로
직장 생활도 잘 마쳐 궁핍함도 면하고
이젠 자식 셋에 손주들까지 두었으니,
부끄럼없이 살 수 있게 됐네.
이 모두가 다 말없이 잘 살아온 그대 덕이지.

이젠 얼마 남지않은 우리 둘의 삶
서로 아끼고 보살펴가며 살아야겠네.
나의 영원한 동반자 고마운 그대
이목숨 다할 때까지 사랑해주리.
항시 더욱더 사랑하리.

마지막 음성

생사를 함께했던 전우 소천 소식에
달려온 '삼성 병원' 제1호 영안실,
혼자 영정앞에 머쓱하게 서있다.

연단 강의 땐 당당했던 전우가
식탐탓인가, 건강 소홀탓인가.
몸은 점점 불어났고, 보기조차 불편했다.

등산때마다 식사량 줄이고
운동량 늘려보라 충고했건만
양 줄이곤 뱃심없어 어쩔 수 없다했다.

나날이 늘어나는 체중은
합병증을 불러왔고,
등산은커녕 평지조차 지팡이신세,
결국엔 중환자실 산소 마스크로나마
오래도 버텨왔지.

가끔씩 낯익은 전화목소리
목소리조차 숨이 차 산소 호흡기 찬 채로
힘겹게 힘겹게 마이크 잡고 한 곡조 불러본단다. <

먼훗날 내 목소리 기억해달라며
내게 불러주던 현 인의 '신라의 달밤',
마지막 불러준 날 달빛따라
자넨 영영 떠나야만 했던가?

'세미원'에서

양수리 '洗美苑',
사람과 자연은 둘이 아니란
不二門이다.

넓은호수 연꽃들 눈빛향기에 탄성들이다.
진창을 기어올라 꽃대위에 핀
고결한 자태
옛 聖人들의 모습이다.

꽃은 작은 우주다.
천 년을 피고지는 세월이다.

두 물머리 배다리위 얼굴들
어느새 환한 연꽃물이 들었다.

쉰내 나그네 반기는 데
──산골 여인숙

하지 갓 지난 초여름날
인제 원통 외딴 산골마을
탱자나무울타리 너와집 한 채.

새하얀 여린 꽃잎들은
땡볕에 바스락거리고
상수리나뭇가지에
바짝 달라붙은 매미는
귀청따갑도록 목놓아 울어댄다.

오늘밤 머물러야 했기에
머리센 할머니등 따라간
수채건너 텅빈 토담방,
쇠죽쑤던 아궁이는
불길에 닳아 새까맣게 어룽져있다.

문고리 얽어놓은 놋수저
뽑아잡아당기자 문풍지틈새로
쉰내는 나그네 반기는데,
윗목벽에 달랑 매달린

해지난 농협 달력은
아직도 하얀눈덮인 한겨울 정월인가.

마중나온 토종개 한 마리가
연실 꼬랑지 흔들어댈 때마다
산길언덕배기서 시원한 된바람이 몰아친다.

제2부 ──────────────── 철새에게 배우며

천사가 따로없다
'망경대' 정상에서
밀입국자, '코로나'의 광란
원숭이들의 수난
손　　길
지구마을이 배앓이를
지하철 누명벗기기
철부지세상
靑馬의 꿈
철새에게 배우며

천사가 따로없다

지지난 3월초
아침 일찍 남편 출근시키고
소파에 앉아 신문 훑어보던 아내
거실바닥 한쪽에서
모락모락 피어오르는 연기를 보았다.
급히 경비실로 내려가 신고했다.
9층 계단 뛰어올라 현관문 열었을 땐
이미 거실엔 뿌연 연기가 가득 차있었다.
잠결에 빠져있던 두 딸 급히 손목만 끌고
9층 계단을 통해 몸만 빠져나갔다.

회의 중이던 회사 남편 귓전에
'불! 불!'하는 아내의 황급한 목소리
단숨에 달려가보니,
바로밑 8층은 이미 불길에 휩싸여있고
9층 우리집까지 불길이 혀를 날름댔다.

소방차 물줄기도 역부족이다.
삽시간에 아파트 두 채가 숯덩어리로 변했다.
거처를 잃고 실의에 빠진 이재민 신세에도
뜻하지않게 천사의 손길이 뻗쳤다.

이웃 신혼 부부가 살던 집을 선뜻 내준다.
친정집으로 들어가면 된다며
집수리될 때까지 모든 살림살이 그대로 쓰란다.

'망경대' 정상에서

사기막골따라 오른 청계산
조선 전기 '무오 사화'에 정여창*을 숨겨주었다.
위기를 모면케 한 '망경대' 정상
그옆으론 울쑥불쑥 국사봉·옥녀봉·이수봉….

오가는 과천 시내 차량들 무당벌레같다.
건너편 관악산 능선따라 우뚝 선 '연주암'
돌계단타고내려오는 염불소리 아른아른하다.

눈아랜 선두다툼하는 '경마장' 경마들
억지로 끌려나온 듯 눈을 가린 경주마들.
물욕 가득찬 핏줄서린 눈빛들은
입장권 틀어쥔 채 손땀흘리며 들떠있다.

봇물터질 듯 밀려오는 희비 쌍곡선의 함성들
고요한 산자락 뒤흔들고있다.
옛충신들을 감싸줬던 慈母山*엉덩이
인간들 욕심찬 사행심에 푸른숲들만 깎여나간다.

*정여창 : 조선 전기 사림파의 대표 학자. 훈구파에 의해 역적으로 몰려 한때 청계산속으로 피신한 적이 있다.
*慈母山 : 청계산을 달리 일컫는 말.

밀입국자, '코로나'의 광란

볼 수도 잡을 수도 없는 괴질
우한에서 중국 전역, 우리나라와 일본
유럽 전체와 미주 대륙까지
삽시간에 電光石火로 번져나간다.

복면한 정체 불명의 밀입국자
대구를 우선 통째로 삼켜버리고
전국을 도깨비처럼 밤낮으로 횡행한다.

봄이 왔어도 봄같지않은 세상
엄동 설한도 아닌데
거리마다 하얀독감 마스크들이 거닐고
이른아침부터 약국마다 장사진 행렬
일상을 발칵 뒤집어놓은 '코로나 19',

세상이 온통 패닉(*panic*) 상태
생화학 무기로 전쟁을 벌이듯
봄날이 검은안개로 자욱이 내린다.

원숭이들의 수난

다낭 국립 공원
20킬로나 되는 긴백사장이 한눈에 들어오는 미케 해변
신선들 놀고간 장기판같다.

조상때부터 살아온 그들의 천국
개발의 칼날에 가족들 모두 바나힐로 밀려나야 했던 원숭이산 공원
조각상과 빈장기판만 우두커니 남아있다.

내몰린 원숭이들의 수난도
항일기 男負女載 하고 북간도로 떠나야 했던 우리들의 삶
아릿한 그슬픔으로 떠오른다.

손   길

저지난봄 예기치 못한 질병으로
수개월 입원해 시달리던 시간들이다.
그간 가보지 못한 시오릿길 채전밭
입원 전 심어놓은 모종들이 궁금하다.
꿈속까지 찾아와 만나자는 기별을 한다.

심한 가뭄 잡초들로 메말라 죽었을 것이다.

먼발치에서 바라본 밭뙈기는
온통 우거진 잡초들뿐이다.
나를 끝까지 이끌어내던 무언의 손길
나도 모르게 터져나온 탄성
잘 가꿔진 토마토·가지·오이들이
주렁주렁 턱걸이를 하고 손짓해댄다.

그날 늦게 걸려온 한 통의 전화
'사장님, 인근밭을 경작하는 임…입니다.
그간 어디 많이 아프셨나 봐요?
지금은 퇴원하셨고요?
저의 부부가
퇴원하시면 수확하실 수 있도록

정성껏 가꿨으니, 따드시고 건강 회복하세요.'

인근밭주인이 베풀어준 손길
야채들이 싱싱하게 자라는 모습엔
눈시울이 주르르 뜨거워 내린다.

지구마을이 배앓이를

지구가 앓고있다.
핵실험 온갖 가스 노폐물로 오존층 뚫리고
빙하 녹아나고, 하늘은 미세먼지차지.
바다는 어폐물로, 대지는 온갖 노폐물더미다.
식물계도 혼란온 듯 때이른 부슬비 언땅 적시고,
온갖 잡초들 옷깃 세운다.
한라산 철쭉꽃은 왜 벌써 빨강웃음 웃는가?
살갗시린 매화나뭇가지에도 설은 꽃망울 톡톡 틔워내고
산허리안고 비듬털어낸 청계산 계곡은
조잘조잘 노래도 잘 불러댄다.
살금살금 다가오는 봄소리에 당황한 '嚴冬'이
큰소리로 '춘자'에게 '자연 법도도 모르나!'
뿔난 춘자도 언성높여
'법도가 무효된 것 아직도 모르니?'
주눅든 엄동 말문막힌 채 너더리로 서있다.
이를 지켜보던 '夏童'이 '秋順'이가
글쎄 '우리도 할 말 있다, 넷이서 결정하자!' 손가락질이다.
'자연이란 순리라카는 거'마저 이젠 슬금슬금 무너지고있다.
인간들은 여전히 욕심을 못 버린 채 허둥거리고
자연 주눅든 '엄동'이란 놈만 말문이 막힌 채 떨하게 서있다.
이'엄동이'를 지켜보던 '하동이' '추순이'가 드디어 또

'우리도 할 말 있다, 넷이서 담판내자!' 할 적엔,

자연의 순리마저 슬금슬금 무너지고있다.
지구공 개미군단 인간들은 예나 지금이나 여전히 욕심을 못버린 채 '빨리빨리'만 외쳐대며 '전달전달'만 되뇌고있다.

지하철 누명벗기기

생활속 시간과 공간 차지한
지하철 이용 시간,
삶의 중요한 여정이다.

밝은햇살 그리워도
묵묵히 어둠속에서
제일 다 하는 지하철 전동차.

학생과 직장인들 다리요,
독서와 명상의 공간이자
자격 시험의 고시원이다.

취객의 행패와 고성 방가로
소중한 시간 빼앗기고
코로나 전염병 위험지란
오명 쓰지않도록
'마스크는 필수!'

'산다는 것은 자각한다는 것'
조금씩 배려하는 자각의 정신으로
지하철 이용 시간이

모두에게 플러스가 되었으면 좋겠다.

철부지세상

겨울잠 잠겨있는 만물들
세상사 시끄러움에 선잠 설치는가?

푸슬푸슬 보슬비 동토 옷깃 적시니,
살갖시린 벚나뭇가지마다
설은꽃망울 톡톡 내비친다.

한라산철쭉 무등산개구리
청계산 계곡 옹달샘 들
여기저기서 다가오는 봄빛에
당황한 '嚴冬'이 큰기침하며
'春姉'에게 한 마디,

'계절의 경계선을 지켜라!'
뿔난 '춘자'도 언성을 높여
'넌 경계선이 사라진 것도 아직 모르니!'
가브리엘 천사한테 연락도!

'춘자'의 엄포에 주눅든 '엄동'이
말문막힌 채 그냥 서있다.

〈

자연의 순리마저
슬금슬금 무너져가는 세상이다.

靑馬*의 꿈

망망 대해
외로운섬에 사는 가엾은 靑馬
하루에도 몇 차례씩 흑마·백마와
머리 터지도록 싸우고나면
全身滿身에 상처투성이다.
꿈꿔오던 평화스런 인간 세상
푸른갈퀴 휘날리며 큰길 떠난다.

쉴새없이 달려온 여기 어디
항구 혀끝으로 검은배들 정박해있다.
밤새 혀둘레를 돌아드니,
사람들 달뜬 목소리 들려온다.
저곳이 텅빈 해수욕장이로군,
벅차오르는 달이 뜬다.

그런데 이게 웬일인가,
뭍기슭 다가갈수록
발등에 걸리는 페트 병들
허리를 휘감는 폐 비닐 봉지들
좀 더 다가서면 물고기썩는 냄새
홧김에 갯바위에다 이마를 들이찧고

부리나케 도망치는 청마들이다.

*靑馬 : 시인 靑馬가 아니고, 여기서는 푸른 파도를 일컬음.

철새에게 배우며

남극 북극 철따라 이동하는 제비갈매기들
추위피하고 먹이구하기 위해
대양사이를 수시로 횡단하는 앨버트로스들
1백 그램 작은 몸집이 수만 리 길 떠난다.

몸에 나침반
내비게이션이라도 달고있는 것인가.
햇빛·달빛·별빛 따라
밤낮으로 날아가는 행렬들
얼마나 많은 에너지를
저 작은 몸에 싣고다니는 것인가.

뷔(V) 자 행렬로 앞서거니 뒤서거니
고산 지대 창공넘을 땐 상승 기류를
에너지 고갈땐 중간 지점에 내려앉아 충전하고
개별 낙오땐 두어 마리 함께 남아 충전한 후 같이 난다.

놀라운 새들의 공동 지혜
많은 것 배우며 살아가야 할까보다.

제3부 ─────────── 폐가에 들다

초가을 등산길
나짱 푸껫 마을 새벽 세 시
'쌍계사' 길목에서
집시들의 밥상
붕타우 해변 저녁길
낙엽꽃 피기까지
달려라 전동차
봄전령 보내놓고
빛찾아 봄나래
폐가에 들다

초가을 등산길

단풍나무가 가을을 재촉한다.

여름은 다급한 듯 허겁지겁 달아나고
가을이 냉큼 달려온다.
가지를 흔들어대는 산들바람.
밤나무가 알밤을 톡톡 떨궈주니,
아낙네들 바구니에 주워담기 바쁘고.
산객들 구슬땀 바람이 훔쳐간다.

삶살이 한 달 동안 짝찾아 헤매다,
짝 못찾은 늦매미들만 목쉰소리 애처롭다.

나무향기 긴호흡 들이쉬며
옛이야기꽃 피우며 걷다가
전망대 서서 과천뜰 내려보니,
세 시간의 목적지가 바로눈앞이다.

포장마차집 막걸리 한 대접 얼콰히 들이켜
허깃배 불룩이 채우고나니,
삶살이 어느 하나 부러울 게 없다.

나짱 푸껫 마을* 새벽 세 시

어둠이 집어삼킨 정글 속을 숨죽이고 노려본다.
포착한 희뿌연 물체를 향해 총구를 겨누고
가슴을 조여대 서서히 방아쇠를 당기려는 순간
마침 뛰어오른 야생조 날갯짓에 놀라 버쩍 눈을 뜬다.

방안 매캐한 포탄 연기로 자욱하다.
벽시계 분침이 새벽 세 시를 막 지나달아나고
4방을 두리번거려도 한밤중 적막뿐
간혹 몰아쉬는 큰숨이 탄알처럼 정적을 깨운다.

치열한 세월을 짓누르던 천근만근 돌덩이 치운 지
벌써 50여 년 훌쩍 넘게 날아갔다.
정글 속 물체는 아직껏 시야를 벗어나잖고
종종 꿈결에 나타나 애간장 태운다.

밤새도록 매복했던 나짱 푸껫 마을 정글
어렴풋 움직이던 거무스레한 물체를 떠올린다.
사살 직전 그가 아군인 것을 알았을 때
내 안도의 탄성을 전우들도 들었을까.

*푸껫 마을:월남 나트랑 지역의 한 마을 이름.

'쌍계사' 길목에서

'쌍계사' 10릿길
지리산 정상 운해를
신선타고내려와 벚꽃 터널 이룬다.

활짝 반기는 벚꽃에
상춘객들 길목 메우고
화개 동천 수양벚꽃들
물속까지 스며드니,
임금님 수라상에 올랐을
은어들도 비가번쩍 춤춘다.

긴밥 누워자는 녹색차밭
지리산 맑은물 신선한 공기
벚꽃이슬 먹고자라는
우리나라 차의 시배지다.

최치원이 학불러타고 온 청학동
벚꽃과 함께 수많은 이야기들
피로잊은 채 이곳 風光 明媚에
모두가 푹 빠져들었다.

집시들의 밥상

불볕 후끈대는 한여름날
'별양동 성당' 빈첸시안 예닐곱 명이
집시들 점심 봉사위해 '사랑의집'*을 찾는다.

아침 일찍 준비해간 식재료들로
백여 명의 밥상 준비에 바쁘다.
처음 참여한 여성 회원
피나는 손가락도 내색않고
반창고로 동여맨 채 반찬 준비에 열중이다.

국밥찌개 끓이는 가마솥열기에
반지하 좁은부엌 숨막힐 듯 푹푹 쪄대고
얼굴엔 구슬땀 숭얼숭얼 온몸은 진땀으로 뒤범벅,
선풍기 틀어보지만
뜨거운 열기만 뿜어댈 뿐 속수 무책
바깥으로 뛰쳐나가 잠시 열 좀 식히곤
다시 들어와 하던 일 계속한다.

두서너 차례 씨름끝에
완성된 푸짐하고맛깔스런 밥상
때맞춰 뜨내기들 식당으로 불러들인다.

어느새 식당은 손님들로 가득하고
창구를 통해 한 상씩 내주며
'맛있게 드세요!' 하면
'감사합니다!' 화답하는 한 끼니의 접시들.

일마치고 돌아올 땐 피로도 잊은 채
나눔의 즐거움만 물결로 일렁이는 하루였다.

*빈첸시안 : 물적 심적 어렵고 소외된 분들 돕는 성당 봉사 요원.
*'사랑의집' : 수원 팔달산 끝자락에 있는 노숙인들을 위한 식당.

붕타우* 해변 저녁길

4박 5일 간 베트남 관광길
호치민 남쪽해안 최고의 휴양지 붕타우.
해질녘 시클러로 시가를 눈요기 후
현란한 불빛의 야시장을 들러본다.
저녁 바람은 나그네들을 모래사장으로 유혹하고
바람따라 두 남녀도 해변으로 간다.
잠자는 바다는 잔잔한 호수
웃음소리만 귓전을 때린다.

그녀 파도소리로 걷는 이국 해변길
종점 가까이 가던 길 다시 돌린다.

저녁바람마저 시기 질투를 하는지
긴길은 짧았고, 파도소리는 화살이다.
제방둑에 걸터앉아 살가움의 애환을 나눌 때
4방은 적막하고, 저만치 순찰 경찰만 서있다.
붕타우의 밤은 잠도 없이 깊어만 간다.

*붕타우 : 베트남 호치민 시 근교에 있는 해변 휴양지.

낙엽꽃 피기까지

꽃피고 새울면
초록물결초록물결
기지개편 가지마다
싱싱한 향기 배어드니,
온산하가 싱그럽다.

갈빛 색색 물든 빛깔고운 단풍
입동이 달려와 자릴 내놓으라 한다.
짧은 만남 아쉬움에 진한 사랑
한껏 천지가 울긋불긋 꽃웃음잔치다.

샛바람닥치기 전 살붙일 털어낸 갈잎들
파란새봄 꿈찾아 훨훨 날아간다.

달려라 전동차

새벽부터 늦은저녁까지
지하로 지상으로
숨바꼭질하는 삶의 마디.

실직자의 잠을
손자 탄생의 기별을
예고없는 부고를,

음지와 양지 마다치않고
애환을 실어나르는
붉은 두 눈동자의 전력 질주,
오늘은 어느 역에서 마음부리나.

봄전령 보내놓고

한적한 어파트 공원길
산수유 · 개나리 · 살구꽃
화사한 봄얼굴이다.

전령 앞세운 봄날
서두르지만 마음속엔 수심만 가득 폈다.
희고검은 입마개 행렬
상가엔 눈가리개들만 가득하다.

귀마개들은 산너머 고갯마루에 올라서서
세상 눈치만 살피고있다.
달려오던 봄기운마저 머뭇머뭇대며 서성거리고있다.

괴질은 좀처럼 물러갈 줄 모른다.
이땅 정치 · 언론 다 한 발씩 물러나도록
굿이라도 한판씩 벌려야 쓰것다.

빛찾아 봄나래

봉사 요원들과 찾아간 결핵 환자 요양원
양평 달월산중턱 '희망의집'이다.

가족·사회와 떨어져
소망잃고 방황하던 오랜 병고
하얀천사들 정성과 보살핌에
생기어린 희망의 빛이 번지고있다.

좁은 경당안 함께 숨쉰다는 것조차
처음엔 섬뜩했지만
기도와 인사 나누는 사이
서먹했던 마음 눈녹듯 사라지고
수년간 함께 일하고 간식나누다보니,
어느새 가까운 가족같은 정도 들었다.

한겨울 나목들 모진 세월 잘 견디고
새봄이 오면, 가슴에 푸른싹 돋아나
가족품으로 돌아갈 거야, 꼭!
봄날 그리며 돌아오는 발길들
배꽃처럼 환한빛 얼굴에 서렸다.

폐가에 들다

바닥에 구멍이 뻥 뚫린 가마솥이 뒤집어져있다.
호미와 삽은 좁은마당에 흩어진 채로 흙에 반쯤 파묻혔고
석가래서 흘러내린 진흙가루가 마루에 소복하다.
거미줄이 둘러친 부엌천정과 부뚜막자리는
시커멓게 그을려 먼지투성이다.

문턱에 쪼그려앉아 하얗게 바래가는 우편물은
손을 대면 폭삭 바스라질 것만 같은데
우중충한 기억의 수면위로 떠오르는 수신인이
깊은 물속서 몸서리치며 금방 튀어나온 사람처럼
고개를 버쩍 쳐들고는 꿈쩍 않는다.

월남전이 끝날 무렵 당도한 외아들의 전사 통지서다.
홀어머니는 지쳐가던 세월을 견디다가
가벼워진 육신을 이미 뒷산에 누이셨으나
대문간 두드리는 집배원을 놓칠세라 잠을 설치건만
초가엔 가랑잎더미만 차곡차곡 쌓여들었다.

제4부 ──────────────── *할머니의 유언*

할머니의 유언

사과궤짝의 추억

배반의 순간들

묘소를 지키는 밤나무

양재천 서사시

저무는 대천항에서

정자나무그늘에서

정자나무품안에서

청계산 봄기운

혼비 백산 여행길

할머니의 유언

여섯 살 철없던 나이에
어머니 잃고 할머니품에 살았다.
산후 후유증으로 갓난 동생과 어머니를
함께 잃고 방황하던 아버지와 손자들 걱정에
한시도 편한 날 없이 지내셨다.

고3 여름방학 때
농사일로 일손 바쁨에도
집에선 공부할 틈도 없음을 아시고
계모와 숙모님 만류도 무릅쓰고
대전 5촌 당숙댁으로 하숙비까지 대주며
6촌 동생들 지도하며 틈틈이 공부하라,
보내주기도 하셨다.

효도하고싶은 마음에
장교 시험에 응시해 한여름 폭염속에
30킬로 완전 군장 구보하다 실신한 채
바닥에 쓰러져 의무대에 실려가기도 했다.
한참 후 깨나자마자 할머니생각이 떠올라
만류하는 담당관을 뿌리치고 훈련에 합류했다.

힘든 교육 다 마치고 마침내 임관하던 날
할머니 임종 소식 듣고 허겁지겁 달려갔으나
생기떠난 눈동자만 감지 못한 채 허공 헤매다
못난 불효 손자를 보신 후에야 눈을 감으셨다.

뒤늦게 연락함에 울며 항의하니,
할머니의 간곡한 유언으로 어쩔 수 없었다며
미안하다고 위로하는 어른들 말씀에
서러움과 그리움이 북받쳐 와락 울음 터트렸다.

사과궤짝의 추억

할아버지 턱수염같이 까칠한 생나무판때기에
새까만 붓글씨로 휘갈긴 '수량 26개'
못질한 판때기를 망치로 뜯어내면
빨간 사과들이 수북한 왕겨속에
주판알처럼 처박혀있네.

끄집어낸 마지막 한 개마저 맛있게 먹고
윗목에 앉혀놓으면 술상도 밥상도 되었지,

하지만 그시절은 훌쩍 떠나가고 없으니,
컬러 인쇄 짙게 밴 골판지 사과상자 볼 때마다
왕래마저 뜸해진 어릴 적 친구들은
아직도 햇볕든 툇마루에 온종일 주저앉아
지난세월을 그리워하고 있을까.

배반의 순간들

교회안팎에서 솔선했던 한 신자 분
뜻하지않은 사업 부도로 빈털터리가 되어
급기야 기초 생활 수급자 신세가 되었다.

만나면 헤어지기 아쉬워했던 절친
맘응어리 풀고싶어 말을 거니,
낯선사람 대하듯 피해간다.

한동안 사람만나기가 두려워
극단적 마음까지도 먹어보곤 했다는군.

귀기울여 말들어줄 사람 하나 없으니,
길바닥 버려진 들개들이나 거두면서
오직 한식구로만 살아가고있단다.

묘소를 지키는 밤나무

추석 차례를 지내고
선산 조상님 산소에 성묘를 드린다.
생전 받은 은혜를 잊고살다가
고작 명절이라야 찾아뵙는 죄스러움
눈시울이 뜨겁다.

산소를 에워싼 밤나무들
반갑다는 인사인지
오래 헤어져야할 아쉬움인지
감춰뒀던 자주색 알밤을
툭툭 떨어뜨려 놓으니,
금세 주머니가 불룩해진다.

아무것도 해준 게 없는데
밤나무들은 폭우에 산소를 막아준다.
벌들에겐 달콤한 꿀을 나눠주며
잘 익은 알밤도 몽땅 털어주니,
이것이 다 조상님 은덕 아니랴.

떨어진 아람 한 낟톨 주워들고
멍하니 서서 지난 서녘하늘 별자릴 헤아려본다.

양재천 서사시

청계산·관악산에서 내려준 물
양재천을 거쳐 한강으로 흐르는 물길
끝없는 꿈의 세계로 가고있네.

때론 빠르게 때론 느리게
요리조리 수다스런 긴여행길.

칼바람 콧잔등 후벼파는 이른새벽
숨차게 달려온 글벗들
과천역에서 양재천 산책길 접어드니,
양 제방 찬바람 재워막아주고
따사로운 햇살 물가에 내려앉네.

집집마다 토해낸 구접스런 물
앞뒷산 맑은물로 정화시켜주네.

번뜩이는 물고기와 숨바꼭질하는
한 폭의 다정한 백로 한 가족,
시냇물따라 걷던 글벗들,
살아온 세월들 풀어놓으며
한겨울 산책길 즐거움에 흠뻑 빠져든다.

저무는 대천항에서

바닷가 모래사장
해거름 짙어가는데
너울대는 고깃배 한 척
외로운 하루 붙들고
남실남실 갈길 머뭇거리고있다.

해쓱해진 바다빛깔
햇볕찌든 탓일까.
갈매기 다니던 길
바람은 갈매기닮아
하늘을 날며
짭조름한 물살 길어나른다.

눈썹 문지르는데
슬그머니 떠오르는 초승달
장난살로 소금가루를 뿌린다.

정자나무그늘에서

불볕 쏟아지는 한여름
정자나뭇그늘에서
옛시인의 시집을 펼쳐읽는다.

시심에 빠져드니,
더위 간데없고
아까부터 내려다보던
매미 한 마리
시어에 연신 밑줄을 긋는다.

몇 해 전 갑자기 먼여행을 떠난
옛시인의 얼굴이,
그목소리가
불현듯 바람결엔 듯 슬픔으로 밀려온다.

정자나무품안에서

과천 '현대 미술관'앞
정자나뭇그늘
복지관 시창작반 야외 수업.

간밤내린 봄비매질에
달아난 미세먼지,
글벗들 얼굴에 가득찬 봄빛.

한여름 불볕더위
햇살가리개되고,
장마철 거친 비바람 막아주는
정자나뭇가지들,
남모를 아픔 내색없이
의연히 베푸는 든든한 사랑
얼마나 기억할까?

무릇 시란
얼룩진 욕심 덜어내고
남의 아픔 보듬는 거라는
고요하고 뭉클한 가르침.

청계산 봄기운

봄기운 찾아오른 청계산 산림 욕장
진달래 마른가지 껍질속에도
스름스름 끓어오른 봄기운
부어오른 꽃망울젖꼭지.

덤부렁사이 산수유노랑꽃
부끄러운 듯 눈짓한다.

전망대앞 관악산
겨울옷벗고 봄옷 갈아입었다.

계곡 옹달샘 재재거리며
화사한 봄빛 한 모금씩 목축이고가라한다.

다람쥐 한 마리
겨울잠 갓벗은 호동그란 눈망울이다.

봄은 깊은 산속에서 오시는 것인가.

혼비 백산 여행길

캐너더 여행 마지막날
밴쿠버 서쪽끝 외딴섬
'핫 스프링 코브 온천'을 향했다.
빅토리어 섬 '토피로 항'에서
일가족 5명은 6인승 요트에 올랐다.

바닷길 좌우 푸른섬 옹기종기
섬 한곳에 원주민집 몇 채
마을사람 서넛 한가하다.

섬들 지나 한 시간쯤 지났을까.
갑자기 집채만한 물등성이가 몰려온다.
선장의 눈빛도 당황스럽다.

한 손으론 가족들을
다른 한 손으론 배난간을
꽉 웅켜잡고있을 때
쾅!, 요트는 뒤집힐 듯 공중 부양
뱃머리가 산산 조각난 듯 아찔하다.

여기서 수장되고마는가.

새파랗게 질린 두 손자를 아내와 딸이 꼭 그러안았다.
나 또한 가족을 부둥켜안고있다.
선장은 정신을 차렸는지, 가던 뱃길만 재촉한다.
바로 그때, 또다시 더 높은 물마루가 굴러온다.

이렇게 수차례 홍역을 치르고나니,
그제야 보이는 외딴섬
밀림에 덮인 섬이 바로 그곳이다.

섬에 들어서니,
널빤지 2·3개로 이어만든 널다리
왼쪽 평평한 기슭엔 원주민집 몇 채.
조금 더 들어가니,
숲속 실개천에선 김 모락모락 치오르고
끝자락엔 오목패인 바닷물.
온천수 폭포수가 되어 떨어지는
'핫 스프링 코브 온천'이다.

잠시 낙하수로 목욕 즐길 때
성난 파도 어디서 몰려와 일행을 덮쳤다.
큰손자가 없어졌다.
미친 듯 파도속으로 뛰어들었다.
파도속 이리저리 찾아봐도 손자가 안보인다.
바로그때 아내가 손자를 꼭 안고있다.
휴, 살았다~.

〈

목욕도 다 물리고
요트에 승선, 토피로 항구를 향했다.
20분쯤 후 그괴물이 둘둘 또 굴러온다.
혼이 다 빠지고 시간 반 지나서야
토피로 항구에 닿았다.
신비의 섬인지, 괴물의 섬인지
'핫 스프링 코브 온천'길에 나섰다가
사선을 넘나들며 오금저리던 바닷길.

이제와 아름다운 추억이 될 줄이야⋯.

제5부 ──────────────── 흰고무신 한 켤레

흰고무신 한 켤레
철쭉치매
'코로나'가 전하는 말
'코로나'의 반란
파도보다 더 빨리
팜므파탈의 독
할머니 생각
해그늘안 매실나무
해안지킴이
가슴속 배롱나무꽃

흰고무신 한 켤레

어렸을 적
읍내 5일장 다녀오시던 아버지
얼큰한 얼굴로
쇠고기 한 근
새끼줄로 코펜 동태 세 마리.

다른손엔 돌돌 말린 신문지뭉치 하나
툇마루에 던진 후
'영봉아!' 부르시며 바깥채로 드셨지.

펼쳐보니 뜻밖에도 흰고무신 한 켤레.
짚신신고 학교 다니던 시절이다.

여섯 살 되던 해
막내낳고 후유증으로 아기와 가신 엄니
한동안 마음고생 많았던 아버지.
자식 월남전에 보내놓고
그저 먼산만 바라보셨다.

지금도 신발장안엔
흰고무신 한 켤레!

그러나 아버진 안계신다.

철쭉치매

포근한 날씨탓일까,
제주 한라산의
小寒에 찾아온 철쭉꽃.

계절이 어리둥절 맘변했나,
철쭉치매에 사람들은 얼떨떨해하며
계절 치매라고만 우긴다.

거친 항구바람에
바람과 철쭉은 한바탕 멱살잡이다.
소한이 비바리꽃 역성들며 한 마디
'힘내, 내가 옆에 있잖아!'
치매꽃도 기가 살아 기지갤 켠다.

한바탕 쌈박질 후
한겨울사람들만 신바람이 났다.
이세상도 헷갈리긴 매한가지
이나저나 웃으면서 살 수만 있다면야…

'코로나'가 전하는 말

'우한 코로나 19'
동서를 휘젓고다니며
포악한 살인자로 둔갑하더니,

이제와 선심이라도 쓰려는가.
중국발 미세먼지 두문 불출시키고
여객기 관광 버스 운행을 제한하며
하늘맑고 호흡기도 편하게 하네.

거리 식당 설쳐대던 조폭과 야쿠자들
읍소하며 얌전하게 집밥 먹게 만들고
가출하려 방황하던 사춘기 청소년들
가족품에 돌려보내 따듯한 정 갖게 하네.

이 또한 계획된 각본의 절차인가.
병주고약주는 '코로나 19'
" '코로나'는 인간의 생태계 무시에 대한
자연의 대응"이란 교황의 말 한 마디
자연의 질서어긴 인간에게
신이 내린 따가운 징벌일지니.

더큰 재앙 닥치기 전 각성해
자연 순리 따르라는
신의 경고가 아닐른지?

'코로나'의 반란

중국 우한에서 발생한
신종 '코로나' 바이러스
동서로 빠르게 퍼져가며
세상이 온통 야단법석이다.

사향고양이에서 시작된
'사스' 때같이 중국에서 발생
재채기 침방울 비말 감염도
퍼지는 위력 형태도 유사하다.
이번엔 박쥐란 놈이 진원지라 했던가.

확진자 많은 광동성·저장성 들에서
매일 2만 여명이 입국한다.
'입국 제한하면 안된다.'는
중국 대사 한 마디에
'중국은 우리의 친구 어려울 때 도와야'하며
자국민 건강보다 중국 눈치보기바쁜
위정자의 모습,
늘어나는 감염 환자에 떨고있는
국민들의 마음만 타들어간다.

〈

신바람 난 듯 허공을 비행하는
'코로나'들의 천국
전국을 종횡 무진하며
사람들을 조롱한다.

언제 찾아들지 모르는 불안감
킬킬대며 쏘다니는 유행병
입춘이 지났는데도 아랑곳하지않는다.
철부지 그놈은 언제 떠나려 하는지.

파도보다 더 빨리

남태평양 태즈먼 바다에서
파랗게 멍든몸 추스르며
'노인과 바다'의 고향, 멕시코 만까지
수백만 마일을 달려가야 한다.

상어떼·고래떼 들
수많은 바닷고기들이
엄청난 속도로 뒤를 따라온다.

그럴 때마다
지친 몸 죽을 힘을 다해
푸른머릴 물밖으로 내저으며 울부짖는다.
술취한 주정뱅이처럼
휘청거리는 선박이 우리들 등을 타고지나간다.
군함 한 척 호령하듯 내 몸을 가르고지나간다.
저배 올라타고갈 수가 있다면
파도보다 더 빨리 달려갈 수가 있다면….

팜므파탈*의 독

한겨울 아파트 화단에
면사포 둘러쓰고
꼿꼿이 서서 봄꿈을 꾼다.

무채색 비듬 다 털어버리고
초록옷깃에
새빨간 입술로 웃는다.
키다리 층층집 그늘막에서
어찌 얼얼한 눈빛으로
뭇사람 가슴 태우는가?

독한 웃음 날리는 너
벌나비도 머뭇거린다.

요염한 팜므파탈
독기나 어서 씻어내거라.

*팜므파탈 : '남성들에게 치명적인'이란 뜻으로 필름 '느와르' 장르에 등장하는 여성 캐릭터.

할머니 생각

여름가뭄과 장마가 끝날 무렵
오랜만에 찾아간 채전밭
자줏빛 바나나마냥
턱걸이하고있는 토실한 가지들
옛생각이 아슴하게 눈에 아린다.

고교 시절 자전거 통학 30리 길
땀범벅 헐떡이며 돌아오면
동구밖까지 나와 기다리시던 할머니
텃밭에서 막 따온 가지로
냉채 한 그릇 만들어
잃었던 입맛도 찾아주곤 하셨다.

가지 한 소쿠릴 따들고 보니,
그리운 할머니 얼굴 둥긋이 떠오른다.

해그늘안 매실나무

한여름 6월 하순 불볕더위
지구동녘 한쪽을 달구고있다.

동구밖 야채밭
고구마 고추잎사귀들 숨이 차다.
밭주인 팔걷어붙였다.
잡초들과 한바탕 전쟁놀이를 한다.
닭강아지들은
매실나무 해그늘속으로 들어간다.

불볕 달궈진 몸
초록짙은 해그림자가 선뜻 씻어준다.
한나절 뿌듯함이 피어오른다.

해안지킴이

양양 '솔 비치' 해송 한 그루
파랑·풍파 온몸으로 견디며
절벽을 지켜왔다.

하늘 맞닿은 海平線 물마루
靑馬처럼 달려와 치고받은 세월
온통 피멍투성이다.

숱한 파랑 헤쳐온 긴긴나날
굽자란 등살을 절벽에 기대
이젠 말할 수 있으리,
모두가 덧없는 한줄기 바람이었다고….

가슴속 배롱나무꽃

해설픈 저녁나절
혼자서 단지 내 산책을 한다.

오솔길 숲속 청록빛치마저고리
초례청 신부처럼
붉은입술 방긋이 수줍게 웃고있는
배롱나무꽃.

그옛날
고운손잡으니,
움찔하며 놀라던 수줍음
그대로 피어있다.

푸르던 시절의 눈동자
은밀했던 여인과 종이비행기 접어
허공천에 대고 날려본다.

제6부 ─────────── 북녘봄은 언제 오려나

북녘봄은 언제 오려나

갑천엘 갔다가

금빛숲길 걸으며

한라 백록담이 울어

완두콩의 외침

가을바다

간척지 초소

구름이 그리는 삶

고향길 게바위앞에서

강물속을 걷다

환한 봄빛 그리며

북녘봄은 언제 오려나

산행길
고대산* 마루에서
먼북녘땅을 바라본다.

아스라이 들어오는
금학산·향로봉·한탄강 줄기
밤새 내린 보슬비에
파릇한 봄싹들 올라오고있다.

하얀솜털 버들강아지들
개울물도 조잘거리는 봄날….

북녘하늘 꿈속에
봄은 언제 오려나.
꽃망울 붉게 물든다.

*고대산:경기도 연천군 북한땅이 보이는 산.

갑천*엘 갔다가

대전 당숙 댁에서
대입 준비를 하던 시절
한여름 더위로 유성 갑천*을 찾았다.

수영옷을 갈아입는데
갑자기 날카로운 외침소리
'학생이 물에 빠졌어요!'
한 어린이가 허우적거리고있다.

순간 나는 뛰어들었다.
뽀글뽀글 물거품과 머리부분이 떠올랐을 때
머리채를 잡아끌고 뒷뚝방쪽으로 밀어댔다.
혼신을 다해 끌고나왔을 땐
눈꺼풀이 풀리고 축 처진 여중 학생이었다.

강둑에 바로눕히고
가슴을 힘껏 눌러 인공 호흡을 했다.
잠시 후 벌컥하며 맑은 물을 토해낸다.
엉겁결 사람들 박수소리에 그만 내빼달아났다.
뜨거운 눈빛들이 강안에 반짝였다.

*갑천 : 대전 광역시 유성구에 있는 큰하천(강).

금빛숲길 걸으며

짙게 물든 문원동길을 복지관 문우들과 걷는다.
가을인가싶더니, 벌써 입동이 달려왔다.
와서는 자릴 비우라한다.
떠날 채비 서두는 가을이 안타깝다.
짧은 만남이 아쉬운지
가슴깊이 품었던 빛깔들
남김없이 뿜어대니, 온통 산천이 금빛이다.

실개천 건너 문원 체육 공원길 들어서니,
노란 통치마옷 차려입은 나무들 갈바람에 몸을 털어댄다.
작은금부채들 팔랑팔랑 반짝이며
문우들 머리위에 살포시 앉는다.
얼굴마다 금빛꽃이 핀다.

공원길 돌아설 무렵
유독 눈길 잡아끄는 모과나무 한 그루
노란향기 뿜어대며 주먹만 한 열매들이 반짝인다.
열매 하나 따보려고 나무둥칠 힘껏 흔들었다.
떨어질 듯 열매 하나 대롱대롱
소피아 시인의 외침이 세차다.
'안돼! 그대로 있어! 떨어지지 마!'

모과나무도 점잖게 한 마디씩 던진다.
'걱정 마! 나도 알아!
온길보다 갈길이 더 짧은 저 흰머리
뭐 그리 서두는가.
때가 되면 다 알아서 내려줄 텐데.'
서로 눈빛이 마주친 것뿐인데도
소피아 시인 낯빛이 금단풍처럼 활짝 피었다.

한라 백록담이 울어

한라산자락에 자리한
제주도 허파, 비자림 앓는 소리
한라뫼가 울고있다.

자연 화산송이 널린 길가
울울 비자림 곶자왈*
탐라 천연 기념물(제374호)이 울고있다.

제2공항 가는 길
3,40년 자란 2천 4백 그루들
단 5분만에 밑둥이 잘려나간다.
확장 공사로 푸른피 흘리며
하늘찌르는 비자림의 비명소리.
한라 백록담이 울고있다.

푸르고 소중한 목숨들이
전기톱날에 철렁철렁 무너져가는 모습
사시나무 떨듯 온몸을 후들거린다.
곶자왈이 놀라자빠지는 울음이다.
'사람들아, 너희들 알몸뚱이도 다 자연이니라.'

완두콩의 외침

콩중에 손꼽는 콩
아내가 유독 좋아하는 콩 완두콩.

4월초에 파종하니,
6월에 수확의 기쁨 안겨준다.

계분·깻묵·비료 흠뻑주고
두둑을 만들어 파종하고 비닐 덮어
날짐승의 피해를 막아준다.

2주 지나
샛노란 앙증스런 눈빛
귓속말을 걸어온다.
'땅밖은 너무 뜨겁고 목타요.'
그소리에 바로 자주 물주고 정성껏 돌봤다.

여린줄기가 뻗어갈 지주도 세웠다.
지주타고 달려간 줄기들은
팔다리 쭉뻗어 잡히는 대로 먹살잡이다.
시작하면 끝이 없고 말려도 그때뿐,
이제는 한 덩어리로 엉켜 말릴 수도 없다. <

그럼에도 열매는 걸판지게 맺혔다.
떨어져나간 완두콩은 시들시들 죽는다.
결국 완두콩이 한 마디
'싸우며 정들지요, 살려면 뭉쳐야!'
어느 정치인의
'뭉쳐야 살고, 흩어지면 죽는다.'는 말처럼.

가을바다

솔나무숲 긴팔 벌리고
바다를 품어안은
10리길 하얀모래밭 대천 해수욕장,
지난여름 사연들이 모래톱에 걸려있다.

정겨운 친구 몇이
가을물살 바닷가 늘어선 횟집 한곳에 들러
곁들여나온 가자미부침에
술 한 잔 나누는 멋, 갑오징어 숙회맛.

먼바다 고래등처럼 가물거리는
안면도 섬줄기 꿈틀거리고,
붉은깃발을 단 유조선 한 척은
고동소리 울리며 그앞을 빠져나간다.

저녁놀 벌게진 가을바다
낙조닮은 단풍빛가슴속에 노을물든다.

간척지 초소

허름한 깃발 펄럭이는
텅빈 간척지 초소
지붕은 50견에 시달린다.
며칠을 묵었는지 모를
허기진 갯바람이
깨진 유리창안을 넘나든다.

층층대를 오르기 전
갯내음이 솔솔 스며들고
전화 벨 소리, 서랍 여닫는 소리
화석이 된 지 이미 오래다.

김 순경이 떨어뜨린 계급장은
빛잃은 채 바닥에서 새큰거린다.
문턱을 채 넘지 못한
빛바랜 출항 허가서 한 장
햇볕이 뜨겁게 포옹하고
풀도 질세라 자꾸 그러안는다.

천수만 허벅지 드러낸 바위섬과
주인을 기다리는 까칠한 고깃배 한 척
선장은 갈매기등을 타고
떠난 뒤론 소식이 없다.

구름이 그리는 삶

동구밖 채전밭가는 길
갑자기 하늘 찢어지는 소리
평화롭던 천궁, 험상궂게 변한 채
한 모퉁이 찢어졌다.

개·고양이·이리·하이에나가
물어뜯고 난투극 벌린 양 멍든 雲順
구름도 서로 싸우는가.

북녘하늘엔
잿빛구름 살살 눈치 살피고
동녘하늘엔 새털구름
고운이 반짝이며 웃는다.

남녘하늘 환히 열리니,
하얀양떼들 평화로이 풀을 뜯고
雲順이 風 서방과 새옷 말끔히 차려입고
맑은하늘 悠悠自適 세상 구경 떠나네.
세상이 다 그런 것임을~.

森羅萬象이 다 구름속에 있었구나.

고향길 게바위*앞에서

아산 인주 해암리 신성마을
고향길 동구밖
서글픔 서려있는 바윗돌.

임진 왜란 당시 모함과 간계에 빠져
옥고를 치르던 충무공 이순신
간신히 풀려 백의 종군 임지로 가던 길에
아들 만나보려 바닷길 오던 중 임종한 어머니소식
시신안고 통곡했다는 게바위(蟹巖:갯바위).

하늘이 검게 변색하고
땅이 꺼지는 슬픔이 몰려온
어머니 시신앞에서
'천지간 나 같은 불효자 또 있으랴.
차라리 죽는 것만 못하구나.'
이같은 충무공의 비탄이 깊이 새겨진 바위.

옛포구의 흔적, 오간 데 없는
고향마을 바라보니,
노을진 옛일들만 하염없이 너울댄다.

*게바위:이 충무공 효심어린 바윗돌. 향토 문화 유산 12호로 지정됨.

강물속을 걷다

햇빛 내리쬐는 비사림숲길
저만치 하얀 투피스에 망사를 걸친
쓸쓸히 걸어가는 백합꽃 한 송이.

그 발길 닿는 대로
청순했던 옛일을 떠올리며
강물속 그림자를 따라간다.

수10년 화살촉이 훌쩍 지나간 먼날에
밤길 형광불빛처럼
가물거리는 환한 그림자 뒷모습,

희미한 불그림자를 더듬어가며
연신 두 눈을 떴다감았다한다.
옛꿈자리를 더듬어보는 봄날의 여행길이
한없이, 끝없이 아련하다.

환한 봄빛 그리며

봄창문 열린 지
달포쯤 지나
동백꽃·산수유꽃·청매화·홍매화
제갈 길 찾아 황급히 떠난다.

산과 들엔
진달래·개나리·철쭉꽃
불꽃잔치 벌인다.
야들한 잎사귀들 속삭인다.

수수꽃다리꽃향기
뜰안에 한가득
봄은 제철 한창이다.

세상은 '코로나' 겁에
어두운 낯빛들
거리마다
입마개 행렬들이다.

푸른하늘 환한 꽃밭
우리봄은 언제나 올까.

<시인의 말>

"올해 섣달 초파일 '傘壽를 맞는 아내에게' 이 시집을…"

시를 만난 지 6년이 되었다. 지난 시간들이 엊그제 같기도 하고 아득하게 느껴지기도 한다.

우연히 신문에서 99세에 시집을 발간한 일본의 여류 시인 시바다 도요의 '약해지지 마란'란 기사를 접하고 시집을 사보았고, 용기를 얻어 문창반 교실을 노크하며 시를 만나게 되었다. 처음 시강의를 들을 땐 흥미도 있었지만, 시 쓰기가 결코 쉬운 일은 아니었다.

일단 시작한 일 포기할 수는 없었다. 서툰 시나마 꾸준히 쓰다보니, 전국 문학상 공모에 응모해 상도 받게 되고, 지난해에는 느지막이 시인으로 登林(데뷔)하는 기쁨도 얻었다. 그간 틈틈이 물레질하듯 뽑아낸 詩들을 한데모아 시집이란 옷 한 벌을 짓는다.

이 시들이 독자들에게 감동을 줄 수 있으리란 생각은 감히 못한다. 단 한 분이라도 공감하는 분이 있다면 그것으로 만족하겠다.

―――――――――――――――――――――――――――〈시인의 말〉

　내 시집에 실린 詩들은 주로 살아오면서 경험한 일들과 여행길 산행길에서 보고느낀 자연 교감을 대상으로 창작한 것들이다.
　나무 한 그루, 풀 한 포기, 꽃 한 송이, 물소리·새소리·바람소리까지도 그 신성함을 가슴에 담아보려고 노력했다.
　모든 작품이 자연을 소재로 창작된 작품은 아니지만, 평소 자연이 주는 소중함과 고마움을 절실히 느끼고 살아가는 까닭이다.

　시강의를 통해 시눈을 뜨게 해준 지도 선생들과 시인으로 登林(데뷔)하기까지 지도해준 申世薫 선생께 고맙다는 인사드린다.

　끝으로 평생 나와 함께 한, 올해 섣달 초파일, '傘壽(팔순)를 맞는 아내에게' 축하와 고마움을 담아 이시집을 바친다.

2020. 11. 7. 立冬節. 청계산밑에서.
이 영 봉

이 영 봉 — 약력

- 충남 아산 출생.
- 성균관대 경영 대학원 수료 · 육군 대학 과정 이수.
- 육군 중령 예편 · 참전 유공자 · 기업체 임원 역임.
- 훈장 2회 수상(보국 훈장 삼일장 · 인헌 무공 훈장).
- 제2회 *KT&G* 복지 재단, 한국 노인 복지관 협회 주관 전국 문학상 최우수상 수상.
- 2019. 제113회 '自由文學' 신인상 시부 2회 추천 완료 登林.
- 첫시집 '傘壽를 맞는 아내에게'(2020. 도서출판 天山).

- 주소 · 13835 · 경기도 과천시 별양로 12(문원동 래미안슈르@). 301 - 402 (010-3974-8551).
   · lyb307307@hanmail.net

天山 詩選 130
4353('20). 11. 20. 박음
4353('20). 11. 30. 펴냄

이 영 봉 첫시집
傘壽를 맞는 아내에게

지은이 이 영 봉
펴낸이 申 世 薰
잡은이 신 새 별
판본이 신 주 원
판든이 신 새 해
판든이 金 勝 赫
펴낸곳 도서 출판 天 山

04623. 서울시 중구 서애로 27(필동 3가 28-1). 서울 캐피털빌딩 302호. '自由文學' 출판부.
등록 1991.10.31. 제1-1269호
전자 우편 · freelit@hanmail.net
☎02-745-0405 Ⓕ02-764-8905

ISBN 978 - 89 - 85747 - 96 - 7 03810
값12,000원

*잘못된 책은 바꿔드립니다.